Erich Seyfried

Sprechwürmer

Wer singen und lachen kann,
der erschreckt sein Unglück.

CHRISTOPH LEHMANN

VORWORT

Während meiner Laufbahn passiert es immer wieder,
daß ich mich oder meine Kollegen sich auf der Bühne versprechen.
Dadurch ergeben sich oft ganz originelle
und ungewollt komische Situationen, bei denen die
beteiligten Schauspieler das Lachen kaum mehr unterdrücken können.
Ich freue mich, wenn es Ihnen beim Lesen so ähnlich ergeht.

Euer ERICH SEYFRIED

Erich Seyfried

dws druck GmbH, Töging 1996
3. Auflage 1997
4. Auflage 1999
5. Auflage 2000
6. Auflage 2002

ERICH SEYFRIED

Sprechwürmer

Über 100 nette Versprecher
aus Theatervorstellungen

Über 50 selbstgestrickte Gedichte

Dumme Fragen
und noch dümmere Antworten

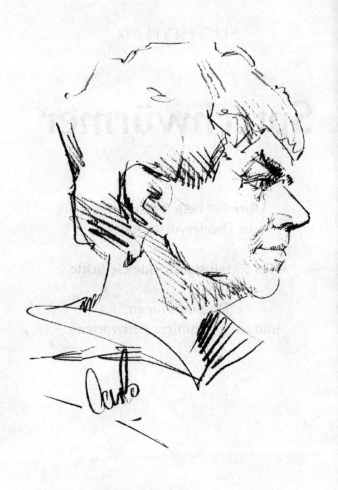

INHALTSVERZEICHNIS

Aus dem Stück: »Heiter bis wolkig«, 1995

SPRECHWÜRMER

Ich leg mein Kleid in Geldung an.
(Jeder legt eben sein Geld anders an.)

Theaterstück: Ein 6er für einen Seitensprung   Petra Auer

Das Haus überschreib ich meinem Ekelkind.
(Da wird es sich aber freuen, das Ekel.)

Theaterstück: Sei doch net so dumm   Peter Steiner

**Moanst, daß des schön is, wennst den ganzen Tag mit
verweinten Ohren rumläufst?**
(Ja wia schaugst denn du aus?)

Theaterstück: Kathi, die Saudirn   Gerda Steiner

**Irma, du bringst mir sofort mein G'wand und
meine Schuhe auf die Bühne.**
*(Du mußt aber sagen »ins Wohnzimmer«,
während der Vorstellung.)*

Theaterstück: Sei doch net so dumm (Wiessee)

Peter Steiner

Wo kämen wir denn da her?
(Das frag ich mich auch.)

Theaterstück: Sei doch net so dumm   Peter Steiner

**Ich bin schon jugendfrei und kann tun und lassen,
was ich will.**
(Aber erst, wenn man volljährig ist.)

Theaterstück: Sei doch net so dumm   Peter Steiner

**Du nimmst überhaupt keine Nerven auf meine
Rücksicht.**
(Einfach rücksichtslos.)

Theaterstück: Laß dich net erwischen   Gerda Steiner-Paltzer

Ja, wer is' dann der Vater von uns?
*(Ja, das weiß ich nicht, aber wer der Vater von dem Buam is',
wär interessant.)*

Theaterstück: Die drei Dorfheiligen   Franz Huber

**...is' des vielleicht falsch verstanden, wenn die ominösen
Briefe vom Erdboden zerrissen werden?**
(Was so ein Erdboden alles kann!)

Theaterstück: Die drei Dorfheiligen   Hermann Giefer

Ich wollte den Radio schon ausleeren.
(Wohin denn?)

Theaterstück: Jedes Haferl findt sein' Deckel   Gerda Steiner

Hast du den Morgenaufgang g'sehn?
(Nein, mich hat der Sonnenaufgang so beeindruckt.)

Theaterstück: Wer ist der Vater   Peter Steiner

Erich: **Ich schwöre!**
Gerda jun.: **Hör ma doch auf mit deiner Schwör!**
(Jaja, schwören ist nicht so einfach.)

Theaterstück: Wer ist der Vater

Meine Grotolation.
(Meine auch.)

Theaterstück: Wer ist der Vater   Erna Waßmer

Ein Butler hat zwar zwei Augen, aber hören tut er nichts.
(Naja, wie soll er auch?)

Theaterstück: Blaues Blut und Erbsensuppe   Peter Steiner

Sag deinem Vater, daß du mit uns auf das gräsliche Schloß kommst.
(Ich komme lieber auf das gräfliche Schloß.)

Theaterstück: Blaues Blut und Erbsensuppe
                                        Christiane Blumhoff

Geh, buck ma doch an Rutschl abi.

(Nein, mach ich nicht.)

Theaterstück: Blaues Blut und Erbsensuppe   Peter Steiner

Bei einem fröhlichen Gespräch in der Garderobe wurde festgestellt, daß einige Schauspieler sehr nahe am »Theater-Stadl« wohnen. Nachdem bei uns auch sehr viel Spaß hinter den Kulissen gemacht wird, sagte Gerda Steiner:

»Voraussetzung um im Theater-Stadl zu spielen ist entweder naher Wohnsitz oder man muß einen Sprachfehler haben.«

Anfrage von Christiane Blumhoff:

»Warum spiel ich dann bei euch, ich wohne in Puchheim und sprach keinen Habfehler?«
(Schallendes Gelächter blieb natürlich nicht aus.)

...dem Reisberger sei Fuaß
hat ihn in d'Wadl nei biss'n.
(Vorsicht, bissiger Fuß.)

Theaterstück: Vinzenz und die Bauchtänzerin   Gerda Steiner

Du sollst das sagen, was ich schreib!
(…sonst soll ich immer das schreiben, was du sagst.)

Theaterstück: Der Bauerndiplomat   Peter Steiner

Vorschriften sind dazu da, um sie umzugehen.
(Wie geht man denn mit denen um?)

Theaterstück: Der Bauerndiplomat   Peter Steiner

…bist anständig und abwesend.
(Abweisend solls heißen, bitte mehr Ernst.)

Theaterstück: Die Keuschheitskonkurrenz   Petra Auer

Mein Fahrrad ist total entschädigt.
(Wie mag das erst ausschauen, wenn es beschädigt ist?)

Theaterstück: Berta, die Glücksau   Gilbert von Sohlern

...zwei aufgelöffelte Löffel voll.
(Doppeltgelöffelt hält besser.
Aufgehäufte Löffel würde auch reichen.)

Theaterstück: Die Bierkur   Erna Waßmer

Darf ich vorstellen, unser Butler, der neue Jean.
(Geht auch, aber »unser neuer Butler - Jean«
ist halt doch gebräuchlicher.)

Theaterstück: Blaues Blut und Erbsensuppe
                                        Gerda Steiner-Paltzer

Seit wann sprichst du mir übrige Worte?
(Na, frag doch mal »Seit wann sprichst du mir
gegenüber widrige Worte?«)

Theaterstück: Blaues Blut und Erbsensuppe
                                        Gerda Steiner-Paltzer

**...und der meine, der haut mir das Glasl auf
d'Flaschn nauf.**
(Das tut aber nicht weh, schlimmer wär's, wenn er dir d'Flas-
chn auf'n Kopf haut.)
Theaterstück: Die Bierkur   Petra Auer

Aus dem Stück: »Heiratsfieber am Sonnenhof«, 1995
mit Gerda Steiner

Mit der Autorin Ulla Kling, Februar 1994

Die Männer moana, sie ham d'Löffel mit der Weisheit gfressn.
(Kein Kommentar.)

Theaterstück: Die Bierkur   Erna Waßmer

Du nimmst überhaupt keine Schmerzen auf meine Gefühle.
(»Für meine Schmerzen hast du keine Gefühle« hab ich schon gehört, aber das?)

Theaterstück: Der Weißwurstbeni   Petra Auer

...und wenn sie da so in ihrer Wohnung sitzen, für nix und wieder nix.
(»Und wenn sie so ganz alleine in ihrer Wohnung sitzen« klingt einfach charmanter.)

Theaterstück: Der Millionär im Haus   Peter Steiner

Die wahren Millionäre sind die, die Geld haben.
(Das ist nichts Neues, aber »Die Liebenden sind die wahren Millionäre« - das isses.)
Theaterstück: Der Millionär im Haus   Peter Steiner

Man muß zuerst was reinstecken, bevor was rauskommt.
(Das ist wieder ganz was anderes. Hier gehts darum:
»Man muß investieren, wenn man was erreichen will.)

Theaterstück: Der Millionär im Haus   Erna Waßmer

**In den alten Möbeln sind die Würmer drin von meiner
Mutter.**
(So muß es heißen: »In den alten Möbeln von meiner Mutter
sind die Würmer drin.«)

Theaterstück: Der Millionär im Haus   Gerda Steiner

Halli hallo, die Brennerei, wo feuert's denn?
(Bei dir wird's gleich feuern. Halli hallo, die Feuerwehr, wo
brennts denn?)

Theaterstück: Der Millionär im Haus   Winnie Frey

**Sie wollten sich doch den Gustl selber
um den Hals hängen.**
(Wie geht'n das? Sie wollten sich doch den Gustl
selber angeln.)

Theaterstück: Der Millionär im Haus   Peter Steiner

Und ihre Miete ist auch gekündigt.
(Na das wär's doch. Aber leider: Und ihre Wohnung ist auch gekündigt.)

Theaterstück: Der Millionär im Haus   Peter Steiner

Der Ofen qualmt, daß man nicht mal mehr die Augen vor der Hand sieht.
(Gibt's auch selten.)

Theaterstück: Der Millionär im Haus   Gerda Steiner

Mei, so schön sitzens aufanand.
(Die sitzen nicht schön aufanand, sondern schön nebeneinand.)

Theaterstück: Berta, die Glücksau   Gerda Steiner

Wer hat dir denn den Ohr ins Floh g'setzt?
(Möcht ich auch wissen.)

Theaterstück: Berta, die Glücksau   Gerda Steiner

Schauts mich an, wie ich anschau.
(Wie schaust denn wieder aus?)

Theaterstück: Berta, die Glücksau   Gerda Steiner

Machs Bett aus.
*(Geht nicht, aber »Machs Liacht aus und leg dich ins Bett«
geht schon.)*

Theaterstück: Ramba Zamba   Petra Auer

Man muß die Feste fallen, wie sie feiern.
(Oder so.)

Theaterstück: Ramba Zamba   Peter Steiner

…das ist für ihn nur Kaffee auf seine Mühle.
*(Daher der Name Kaffeemühle.
Aber normal kommt Wasser auf die Mühle.)*

Theaterstück: Ramba Zamba   Winnie Frey

…und wo hast du dein zweites Auge her?
(Da fehlt doch was? Ach ja: »Dein zweites blaues Auge her?«)

Theaterstück: Ramba Zamba   Gerda Steiner

…ist es jetzt egal wie es mag.
(Ja was soll man da noch sagen, sei es wie es mag, mir ist es egal.)

Theaterstück: Ramba Zamba   Peter Steiner

…außerdem kriegt die den Scheck ihres Lebens.
(Um welchen Betrag gehts denn da? Oder heißt es doch Schock oder Schreck?)

Theaterstück: Ramba Zamba   Petra Auer

20 Jahre habe ich dich mit meiner Liebe verschüttet.
(Na hoffentlich ging nichts daneben.
Bei überschüttet oder verwöhnt passiert nichts.)

Theaterstück: Ramba Zamba   Peter Steiner

Nach meinem Befunden erkindigt sich niemand.
(Hoppala!)

Theaterstück: Die ansteckende G'sundheit   Gerda Steiner

Ich nehm' eine Säge und hau den Baum um.
(Na ja, mit einem Beil gings zwar einfacher…)

Theaterstück: Die ansteckende G'sundheit   Peter Steiner

…neckerte Saujungfrau…
(Nie gehört. Ich kenn nur eine »nackerte Seejungfrau«.)

Theaterstück: Das Loch in der Wand   Erna Waßmer

…ist ja alles Nabensuche.
(Wo sucht der? Das ist keine Nebensache mehr.)

Theaterstück: Das Loch in der Wand   Gerda Steiner

Da sind 500 Mark für den Brunnen, dessen Künstler zur Aufstellung gelangt.
(Der arme Künstler.)

Theaterstück: Das Loch in der Wand   Gerda Steiner

…wie ich ihn denenetiv fertig machen kann.
(Das ist definitiv falsch.)

Theaterstück: Dallas is a Dreck dageg'n   Peter Steiner

Da kann ich lang sitzen, wenn du daherin suachst.
(Wie war das? Da kann ich lang suchen, wenn du daherin sitzt! Ach so.)

Theaterstück: Dallas is a Dreck dageg'n   Gerda Steiner

Bevor er von ihnen abgesaugt wird, kann er sein Geld auch bei mir abarbeiten.
(Ausgebeutet ist vielleicht doch etwas anderes.)

Theaterstück: Dallas is a Dreck dageg'n   Peter Steiner

Es ist stets Sache der hohlen Köpfe,
überall das Ausgefallene zu suchen und gern
abweichender Meinung zu sein.

AUS DEM JAPANISCHEN

Aus dem Stück: »Dallas is a Dreck dageg'n«, Mai 1993

Gehst du heut in d'Kirch, weilst a G'wand anhast?
*(Ja mit was denn sonst? Oder meinst, weil ich a schöns
G'wand anhab?)*

Theaterstück: Wenn der Wasserhahn tropft   Erna Waßmer

**Wenn du bevorzugst, beim Papa zu speisen, gibts in der
Gurke eine gehobelte Küche.**
(Eigenartige Speisekarte)

Theaterstück: Wenn der Wasserhahn tropft   Erna Waßmerr
(Durchlauf zur Fernsehaufzeichnung)

**…dich hab'ns doch im Krankenhaus bei der Geburt
vertauft.**
(…wenn schon, dann eher vertauscht.)

Theaterstück: Sexskandal in Knibbelsbrunn   Gerda Steiner

Was tuast denn da?
Den Leichenbeschatter anrufen.
(Berufe gibt's!)

Theaterstück: Sexskandal in Knibbelsbrunn   Gerda Steiner

Über die ganze Sache ist schon Schnee gewachsen.
(Entweder: Das ist Schnee von gestern oder es ist Gras drüber gewachsen - klar!)

Theaterstück: Sexskandal in Knibbelsbrunn   Gerda Steiner

Das Herz spielt die richtigste Wolle.
(So!)

Aufzeichnung zur Goldenen Hitparade   Peter Steiner

Nachdem du mir dein Verbrechen gegeben hast.
(Hab ich das?)

Theaterstück: Alois, wo warst du heute Nacht?   Winnie Frey

...alle Buam am Sonntag den Hals ausreißen.
(Und wohin mit dem Kopf? Hals umdrehen ist einfacher.)

Theaterstück: Alois, wo warst du heute Nacht?

            Gerda Steiner

Weil meine Eltern vor lauter untertänigster Hochachtung umananda raucha.

(...auf'n Bauch umananda rutschn is aber ganz was anderes.)

Theaterstück: Alois, wo warst du heute Nacht?   Winnie Frey

Nachdem ich ja für dieses Haus unbrauchbar bin.

(Aber nein, unentbehrlich bist du.)

Theaterstück: Alois, wo warst du heute Nacht?

Gerda Steiner

Jetzt, wo ich dein Bundeswehrgenosse bin.

(Ohne »wehr« hätts auch gereicht.)

Theaterstück: Alois, wo warst du heute Nacht?   Winnie Frey

Ich hab a Sofa mit Sitzbank.

(Der hats gut, ich hab meine Sitzbank auf dem Mofa.)

Theaterstück: Liebe macht blind   Winnie Frey

Da wird dir der Mo schon wieder 's Körberl hängen höher.
(Ah, ausländisch - nix verstehen)

Theaterstück: Die Dorfratschn   Peter Steiner

...schumm bring's hoam.
(Ooiisoo, des kannt hoaßn: »kumm brings hoam« oder:
»schau, daß du's hoambringst« aber »schumm«?)

Theaterstück: Die Dorfratschn   Peter Steiner

Hast so an Durst g'habt, daß d' gleі zwei Kasten Taffee trunken hast?
(Blöde Verpackung)

Theaterstück: Die Dorfratschn   Gerda Steiner

Frage: **Vater, was könnt ich denn mach'n, daß mich**
         der Bürgermeister das Reserl heirat'n laßt?
Antwort: **Der heirat' dich sicher.**
(So wars aber nicht gemeint.)

Theaterstück: Die Dorfratschn   Peter Steiner

Sag zu deiner Tochter »schö' heiraten«.
(Ich gratuliere ihr zur Hochzeit. Ist aber auch ein längerer Satz.)

Theaterstück: Die Dorfratschn   Peter Steiner

Ich muß auf den Ruf von meiner Hochter tachten.
(Das sind natürlich schon Aufgaben.)

Theaterstück: Die Dorfratschn   Manfred Maier

Ich woaß nimmer, wo mir der Kopf sitzt.
(Das kann ich mir bei diesem Satz vorstellen.)

Theaterstück: Die Dorfratschn   Petra Auer

Mei, was in den Zeitungen ois drinschaugt.
(Was denn so?)

Theaterstück: Die Dorfratschn   Gerda Steiner

Am Besten is, wir reißen diesen Schuppen auf und bauen ihn neu wieder ab.
(Ob dir das eine Baufirma macht, ist fraglich.)

Theaterstück: Der Schwarze Ochs vom Ammersee

Peter Steiner

Dann ist er in der Luft verschwunden.
(Vielleicht war's der heilige Geist? Oder hat er sich in Luft aufgelöst?)

Theaterstück: Der schwarze Ochs vom Ammersee

Petra Auer

Der Fredy ist kein Erbschleifer.
(Hat ja auch niemand behauptet außer dir.)

Theaterstück: Der schwarze Ochs vom Ammersee

Petra Auer

...du g'hörst in eine Kassewasseranstalt.
(Nützt nix, eine Kaltwasseranstalt hilft da besser.)

Theaterstück: Alles in Ordnung

Peter Steiner

Wo ich doch so einsam bin in der Alleinigkeit.
(Wo ich doch so allein bin in der Einsamkeit, aber das war so nett, daß wir es immer so brachten.)

Theaterstück: Vinzenz und die Bauchtänzerin

Uschi Buchfellner

Wem g'hört jetzt der Wein, ich oder dir?
(Das ist hier die Frage.)

Theaterstück: Vinzenz und die Bauchtänzerin   Peter Steiner

Hast es du g'sehn, was gredt ham?
(Nein, auch net g'hört, wie s' gschaut ham.)

Theaterstück: Alles in Ordnung   Gerda Steiner-Paltzer

...wenn du meinst, was ich weiß.
(Nein, das weiß ich nicht was du meinst.)

Theaterstück: Alles in Ordnung   Egon Biscan

Du Kaffee, magst an Bauern?
(Ja, aber ohne Milch und Zucker.)

Theaterstück: Alles in Ordnung   Gerda Steiner-Paltzer

Der Dreck steckt im Karren.
(Wie bei der Müllabfuhr. Richtig heißt's aber: Der Karren steckt im Dreck.)

Theaterstück: Markus der Nothelfer - Kampf um die Hos'n
                                              Manfred Maier

…weil er ihm einen Kontrolleur durch die Nasen setzen will.
(Wie bei de Wild'n. Einen Kontrolleur setzt man einem vor die Nase.)

Theaterstück: Markus, der Nothelfer - Kampf um die Hos'n
                                              Winnie Frey

Bei einer Probe zur »Heimatmelodie« müßte die
Gerda Steiner sagen:
»Es ist Freitag, viertel nach Acht.«
Zum wiederholten Male verspricht sie sich
(z.B. es ist freitel nach acht usw.)
und sie fängt auch schon an zu lachen.

Darauf sagt Peter Steiner:
»Wenn du Schwierigkeiten hast, sagst du Freitag
und ich sag viertel nach Acht.«

Alles klar - Also Aufnahme!!

Gerda: **»Es ist Freitag«**
Peter: **»Viertel nach elf.«**

Da war natürlich keiner mehr zu halten!

Mein Mannsbild muß ich an der kurzen Stange halten.
(Aber, aber, wer wird denn aus der Schule plaudern.)

Theaterstück: Vinzenz und die Bauchtänzerin

Gerda Steiner-Paltzer

...heut mußt du ein Gedeck mehr auflegen, weil wir eine Person weniger sind.
(Hat da der Valentin auch mitg'spielt?)

Theaterstück: Vinzenz und die Bauchtänzerin   Peter Steiner

Ich muß am Abend immer eher ins Bett, damit ich in der Früh länger aufbleiben darf.
(Wiederholen sie mal, Müller.)

Theaterstück: Der Kampf um die Hos'n   Peter Steiner

Hat sich der Lanzinger eine Freundin zuaglacht?
(Ich weiß nicht, ob er sich eine zuaglegt oder anglacht hat.)

Theaterstück: Heiter bis wolkig   Rudi Decker

Ich danke schön für's dagewesen zu sein.
(Bitte, gerne geschehen.)

Absage nach der Vorstellung im Theaterstadl   Peter Steiner

Da stift ich ein paar arme Kerzen.
(…ein paar Kerzen für die armen Seelen…)

Theaterstück: Sündennest im Paradies   Gerda Steiner

Als ich den Ort des Hinbeförderns erreicht habe.
(So heißts: »Ich wurde an einen Ort hinbeordert,
und als ich…)

Theaterstück: Heiratsfieber auf dem Sonnenhof
                                              Peter Steiner

Weil sie immer das Gegenteil von dem tut, was sie nicht tun soll.
(Ja, dann tut sie doch wieder das Richtige - oder nicht?)

Theaterstück: Heiratsfieber auf dem Sonnenhof
                                              Peter Steiner

Ich geh ihr im weiten Weg aus dem Bogen.
(Du hast es schön, du kommst weit rum.)

Theaterstück: Heiratsfieber auf dem Sonnenhof
                                              Peter Steiner

Jeden Tag nehm ich 20 Tabletten auf d'Nacht, bevor ich aufsteh.
(Hast du Nachtschicht, oder was?)

Theaterstück: Heiratsfieber auf dem Sonnenhof

Peter Steiner

Woher stimmt denn des, daß des net wahr is?
(Wer sagt euch denn, daß des net wahr is?)

Theaterstück: Pepi trägt Lackschuhe   Peter Steiner

Dein Vater hat einen Lotto g'habt im Sechser.
(Was es nicht alles für Krankheiten gibt.)

Theaterstück: Pepi trägt Lackschuhe   Gerda Steiner-Paltzer

Deinen Toni, den schlagst du dir auf'n Kopf.
(Aua!)

Theaterstück: Heiter bis wolkig   Barbara Kutzer

Gerda jun: **»Woaßt, was ich jetzt tua?«**
Peter sen: **»Wiavui?«**

Theaterstück: Seine Majestät, der Kurgast

Es ist halt nicht jederschmans Gesache.
(Jedermanns Geschmack und jedermanns Sache
ist gleich = »siehe oben«)

Theaterstück: Seine Majestät derKurgast   Uschl Buchfellner

Ich hab sowieso keine Zeit, ich muß noch zum
Erledigen.
(Ja, dann ist das was anderes.)

Theaterstück: Heiter bis wolkig   Manfred Maier

Ich hab die Losung überhaupt.
(Die Losung liegt im Wald, verstanden?)

Theaterstück: Seine Majestät, der Kurgast   Barbara Kutzer

Ich befinde mich bereits im dritten Himmel.
(Na ja, jeder kann sich mal um vier Himmel verzählen.)

Theaterstück: Damenringkampf in Oberdorf   Petra Auer

Ja wia ma nur so ein Testament heiraten kann.
(Komische Ehen gibts.)

Theaterstück: Herz am Spieß   Gerda Steiner-Paltzer

Da hab ich beim Militär amal koan Hausgang kriagt.
(Ehrlich g'sagt, was tätst denn mit dem?)

Theaterstück: Alles in Ordnung   Peter Steiner

Die ganze Küch' steht bis zum Hals in Marmelade.
(Eine Küche mit Hals? Kenn ich nicht.)

Theaterstück: Wenn des bloß guat geht   Winnie Frey

De redt und redt und wenns schnarcht, dann schlafts.
(Wann solls denn sonst schnarchen?)

Theaterstück: Wenn des bloß guat geht   Peter Steiner

Dann könnens mir auch gleich den Bus zum Koffer bringen.
(Ob der da reinpaßt?)

Theaterstück: Wenn des bloß guat geht
                                        Gerda Steiner-Paltzer

...ihr fahrts jetzt 14 Tag in Urwald.
(Was tu ich denn da, da kenn ich ja niemand - oder meinst du in Urlaub?)

Theaterstück: Wenn des bloß guat geht   Erna Waßmer

...und dann möcht ich dir noch zu deinem durchaus gelungenen ... gratulieren ...... Stammhalter.
(Grad daß ihm noch eing'falln is, zu wem er gratulieren will.)

Theaterstück: Wenn des bloß guat geht   Rudi Decker

...überleg dir guat, mit wem du vor dir hast.
(Ja, des braucht wirklich überlegen.)

Theaterstück: Vinzenz und die Bauchtänzerin Manfred Maier

Hörst denn du net, wia's da stinkt?
(Nein, beim besten Willen nicht.)

Theaterstück: Sei doch net so dumm Erich Seyfried

Des hat sich ja grad so anghört, als wenn a Glupperl voller Büchsen über d'Treppen nunter fall'n tät.
(Des gibt einen Lärm.)

Theaterstück: Kathi, die Saudirn Erich Seyfried

Wenn man so lange Arme im Wasser hat, muß ich immer naus.
(Ein anderer muß vielleicht hinaus, wenn er die Arm so lang im Wasser hat...)

Theaterstück: Ehemann wider Willen Erich Seyfried

Du weißt doch selber, wie die italienischen Männer um die Ehre ihrer Männer besorgt sind.
(Ach so ist das, früher waren's um die Ehre ihrer Mädchen besorgt.)

Theaterstück: Ramba Zamba   Erich Seyfried

...warum? Weil ich auf der Penne liegen muß.
(Wo die Leute überall liegen? Früher haben sie auf der Liege gepennt.)

Theaterstück: Ramba Zamba   Erich Seyfried

Ich seh ihn schon wieder hör'n...
(Ich hör' ihn schon wieder sag'n...)

Theaterstück: Gespräch in der Garderobe   Erich Seyfried

Der Humor ist ein sich necken mit dem Ernste des Lebens.

JOHANN JAKOB MOHR

GEDICHTE

A bisserl was zum Schmunzeln

Die weiße Maus!

A Maus trabt friedlich auf da Wies'n,
tuat andre Mäuse freundlich grüß'n
und freut sich, weil das Wetter schön ist,
und weils heut wirklich schön zum Geh'n ist.

Doch aufamoi - von ungefähr
fliagt ein Trumm Adler leis daher.
Er packt de Maus und zupfts beim Krag'n
und schon liegts drunt'n in sei'm Mag'n.

De Maus, de buttld sich nach hint'n,
um eventuell an Ausgang z' find'n -
und siehe da, 's hat net lang dauert,
da war der Weg nicht mehr vermauert.

De Maus schaugt naus: »Das gibt's doch nicht,
mal endlich wieder Tageslicht.«
Sie schreit nach vorn was sie nur ko
»He, Adler, sag - wo san ma da!«

Der Adler denkt sich, so a Schuft
und sagt ihr hinter: »In der Luft -
800 Meta oder mehr!«
De Maus schaugt ängstlich hin und her

und bibbert no und werd kaasweiß:
»He, Adler« schreits, »mach ja koan Scheiß!«

Lieber Fußball

's valiabt sei is seit eh und je
für junge Leidl oiwei sche.
Man sagt sich Worte, zart und fein
und boid drauf wird dann Hochzeit sein.

A zeitlang gehts ganz guat mitnand,
doch dann passiert so allerhand.
Es kimmt da Alltag von da Welt,
ma streit zwegs Kinda, zwecham Geld.

Er geht zum Fuaßboi hi und da
und sie besucht die Frau Mama.
Nur noch ganz selten bringt er Ros'n,
sie flickt sei oide Unterhos'n,

's werd net vui gredt, ihr Ruah de hats,
denn er - is auf'm Fuaßboiplatz.

So mittendrin hats naße Aug'n
und sagt: »Tua mi amoi oschaun,
i moan, du magst mich nimmermehr,
auch wennst as sagst, 's glaub'n fallt ma schwer,

weil, wenn ich dich jetzt wirklich frag',
woaßt netamoi unsern Hochzeitstag.«
»Ja freile« sagt er ohne Schuid,
»da hat doch Bayern gega - Sechzge gspuit.«

D' Handwerker

Da Klemptner oda Inschtalatör,
kimmt endlich zu da Kundschaft her.
»'s is nix kaputt« sagt da de Frau.
Da Moasta moant: »Sie san a Schau.«

»Frau Meier - warum ruafas o,
wenn i dann doch nix richt'n ko?«
»Frau Meier sagn s'? - des is net wahr,
de is scho auszog'n vor am Jahr.«

Da stinkt a eahm:
»Jetzt werd's ma z' dumm,
z'erst b'stellns oan her
und dann ziagns um!«

Auweh!

Die Susi hat scho oft auf d'Nacht
ihr'n Freind zum Ess'n mit hoambracht.
Doch neilich moant die Frau Mama,
daß des a schöne Geste waar,

wenn ihra Freind - so g'hörts halt g'macht -
amoi a Sträußerl Bleame bracht.
»Oder« hats noch die Frage g'stellt,
»hat der am End vielleicht koa Geld?«

»Koa Geld?« moant d'Susi,
»des konn net sei,
weil ich
eahm jed'n Tag oans leih.«

Wer wohnt denn in da Kircha drin?

Da Maxl mit seim Vata geht
zum Frühschopp'n - 's is no net z' spät,
drum gengas an da Kirch' vorbei.
Jetzt gehts glei o, de Fragerei.

»Du Babba,« kommt am Buam in Sinn,
»wer wohnt denn in da Kircha drin!«
Da Babba sagt ganz überleg'n
»des is vom Herrgott d'Wohnung gwen.«

Doch no net z'friedn, laßt da Bua
an Vata imma no koa Ruah.
»Du Babba, aber du hast g'sagt,
daß im Himme da Herrgott d'Wohnung hat.«

Da Vata brummt »jetzt laß mi steh',
i möcht jetzt in mei Wirtschaft geh'.«
»Na, Babba, sag, was is jetzt wahr!«
Da Bua benzt nei, des is ja klar.

An Vata z'reißts
»Jetzt werds ma z'bunt -
im Himme wohnt er
s'Gschäft hat er herunt!«

De guate Hausfrau

Ob sie a guate Hausfrau is?
Was soll ma da scho sag'n,
natürlich muaß auch sie sich noch
am Anfang a weng plag'n.

Doch neilich is ihr was passiert
und des war schier zum Lacha,
wui sie doch mit'm Büchsenöffner
a kochtes Ei aufmacha.

Sach'n gibts!

Da Fritze sagt zu seinem Freind:
»Es is scho a rechts G'fredt,
unter dem Fenster vor meim Haus,
werd nachts allawei gredt.

Da sitzen Liebespaare dort
und schmus'n umanand,
ma schamd sich vor de Nachbarn scho,
es is a rechte Schand.«

Da moant da Freind vom Fritze glei:
»Ge, mach doch net lang rum,
schütt' eahna hoit a Wasser nauf,
na werds eahna scho z'dumm.«

Da sagt da Fritze ganz verleg'n:
»Des hab i scho g'macht,
dann hat ma jede Nacht mei Frau
a nasses G'wand hoambracht.«

Da Kloa

D'Frau Dümmerl fragt beim Psychiater an
und möcht sei Meinung hörn,
ob ihra Bua no Sandspuin derf,
er täts halt gar so gern.

»Ja freilich« sagt der gscheide Herr,
»lass'ns dem Buam sei Freid,
damit er sich entwickeln ko,
des is ganz wichtig heit.«

D'Frau Dümmerl strahlt, sagt: »Vielen Dank!«
Konn d'Antwort garnet fass'n.
»Wiss'ns, mei Schwiegertochter möcht'
zwegs dem sich scheiden lass'n.«

Die Kuckucksuhr

Mei Bruada - und des is koa Schand,
der bastelt furchtbar gern umanand.
Ob des de Heizung, oda's Licht,
bei eahm, da werd des alles g'richt.

Das Backrohr für die Frau Mama
und d'Waschmaschin', des is ganz klar,
sogar den Kühlschrank - ois im Haus,
werd von eahm g'richt, er kennt sich aus.

Er richt halt ois in oana Tour
und neilich sogar d'Kuckucksuhr.
Er hats zerlegt, ma möchts net glaub'n,
bis auf de letzte kloane Schraub'n.

Beim Z'sammsetz'n hats'n scho g'schund'n,
doch er hat alles z'sammagfund'n.
Und endlich wars halt dann soweit,
um zwölfe schaugt er hi voll Freid.

Da kommt der Kuckuck aus seim Haus
und schaugt zu seine Leid heraus
und sagt ganz grantig - macht a Gfries:
»Woaß oana, wiavui Uhr das is!«

So konn's geh

»Was warst du für ein braver Mann
in deiner Jugendzeit«,
sagt sie zu eahm »und lieb und nett
und immer hilfsbereit.«

Da brummelt er bloß vor sich hin
und hat auch garnet g'lacht:
»Da sigst amoi, was du aus mir
in dene Jahr hast g'macht.«

De hohen Herrn

A Muatterl in da Bundesbo,
de woant so vor sich hin.
Da sitzt danem a ältrer Herr
und redt ihr in den Sinn.

Er fragt, was sie fürn Schmerz'n hat.
»Mei, wiss'ns, liaba Mo,
mei Bua, der is jetzt G'freiter worn,
da bin i gar net froh.«

Drauf sagt der Herr: »Ja guate Frau,
da müaßt'ns eahna gfrein.«
Da fangts wieda zum Blecka o:
»I konn des garnet leid'n,

sie wiss'n doch, wia des so is,
was da für Sitt'n herrsch'n,
de schiaßn auf de hoha Herrn
doch ollawei ois erschtn.«

Fröhliches Lachen ist eine der schönsten Künste von allen,
die man üben kann.

OTTO VON LEIXNER

Aus dem Stück: »Peter und Paul«, 1984
als Lipperl

Aus dem Stück: »Liebe macht blind«, 1984
als Lechner-Wirt

Wie fruchtbar ist der kleinste Kreis,
wenn man ihn wohl zu pflegen weiß.

J. W. v. GOETHE

Staad is worn

D'Frau Steirer klagt der Nachbarin
ihr'n Kummer und ihr Leid,
vazählt ihra: »'s hat ois koan Sinn,
nix macht mir mehr a Freid.

Sie wiss'n ja, vor guat oam Jahr,
da is mei Alois gstoam,
's alloasei is halt gar so schwer,
i wünschat des fei koam.

Und vorige Woch - i konns kaam sagn,
es werd oiwei no schlimma,
geht mia a no mei Goldfisch ei,
jetzt is schaurig staad im Zimma.«

Früher und heit

Ja früher, da is no was g'wen,
da bist mit'm Radl g'fahrn,
doch heit muaßt Angst hab'n um dei Leb'n
weil's renna mit de Karr'n.

Ja früher, da warns z'friedn de Leit,
hat koana ebbas g'habt,
doch heit wui jeder mehra sei,
weil er sonst überschnappt.

Ja früher hast vom Moasta no
a Watschn kriagt, daß gschoid,
doch heit, da hoaßts vom Lehrbuam glei,
»I sag's meim Rechtsanwoid.«

Diät

Diät, das ist das Zauberwort,
a jeder hat's scho g'sagt.
Diät liest du an jedem Ort,
scho mancher hat sich plagt.

Diät, man konns scho nimma hör'n,
weils oftmals auch nix bringt.
Und essen tua ich auch so gern,
des brauch i unbedingt.

Drum sag' ich das auch nicht ganz ungern,
dem Hunger ich mich gleich ergeb',
i wui doch dabei net verhungern,
bloß daß ich nacha länger leb'.

Lachen

Bei vornehme Leit

Die Zenze is bei feine Leit
zum Dinner g'ladn, mei wias des gfreid.
Doch vorher stengas oisam rum
des gfoid ihr net, des is ihr z'dumm

und sucht verleg'n - doch im Foyer
daat aufamoi a Stui dort steh.
Der Butler aus dem feinen Haus
schaut d'Zenze an und kennt sich aus.

»Gnä' Frau«, sagt er und hat's gut g'meint,
»hab'ns nichts zum Sitzen, wie mir scheint.«
Da moant des Deandl: »Was er wui -
zum Sitz'n scho, hab bloß koan Stui.«

Kunst

A Kunstausstellung hab i bsuacht
und es war interessant,
da hab i vor mi hisinniert,
daß i des niamois kannt.

De Buidln warn abstrakt und oid
und 's meiste war echt sche
und manchmoi bin i lang stehbliebn
und woid garnimma geh.

Doch ab und zua, des konnst ma glaub'n
hab i für mi so denkt,
's wär gscheida gwen, de hätt'n den Mala
anstatt sei Buid aufghängt.

Der Unterschied

A resche Magd, drauß auf'm Land,
is kernig und a guat beinand
und kimmt ins red'n mit da gnä' Frau,
de hochnäsig fragt ois wia a Pfau,

was denn der Magd ihr junga Mo
beruflich macht und was a ko.
De Magd sagt nacha volla Stoiz,
daß ihra Sepp arbat im Hoiz.

Die gnädige Frau, etwas verachtend
sagt: »Wenn man es genau betrachtet,
ist das nicht viel - mein sel'ger Mann
war Direktor bei der Bundesbahn.«

Drauf d'Magd, ganz offen und ganz ehrlich,
sagt zur gnä' Frau ganz unbeschwerlich:
»Liaba vom Hoiz an lebendig'n Mo,
ois an Tot'n bei da Bundesbo.«

Der Absatz

A Dame, in da Hand a Tascherl,
von manche gnennt »a so a Hascherl«,
werd g'fragt, von am naiven Herrn:
»Möcht wiss'n, was si da grad tean!«

Sie sagt ganz keck: »Laß ma mei Ruah,
i suach mein Absatz von de Schuah.«
Der Herr kommt wieder nach zwoa Stund'n
und sie hat noch koan »Absatz« gfund'n.

Boarisch denkt

Hast mit de Nachbarsleit
net grad die gräßte Freid,
- denk boarisch.

Wenn du a Geld herleichst
an oan, der di dann bscheißt,
- denk boarisch.

Redt oana di bläd o,
a Frau - oda a Mo,
- denk boarisch.

Kimmst mit deim Chef net z'recht,
weil er moant, du bist schlecht,
- denk boarisch.

Teans dir recht sche ins G'sicht,
doch helfa teans dir nicht,
- denk boarisch.

Wennst mit deim Schicksal spuist,
und 's kimmt net so, wiast wuist,
- denk boarisch.

Denn boarisch denkt sichs leicht,
weil ma sovui erreicht,

drum denk dir so wia i
a. A. leckts mi.

Vorm Essen - beten?

Da Anderl war bei seinem Freind
zum Essen eingeladen.
Er hat sich extra z'sammagricht
und sauber war sein Kragen.

De Schuah ham glänzt - d'Nasen war putzt
und oisamt war hoit recht,
bloß 's Ess'n selba bei seim Freind,
des war eahm beinah z'schlecht.

Am andern Dog, da fragt sei Freind
ob er net bet' vorm Essen?
Z'erst moant da Anderl, »soi i liagn
und sagn i habs vergess'n!«

Doch dann sagt er die Wahrheit raus:
»Mei liaba Freinderl Kurt,
mia braucha des mit'm bet'n net,
mei Muatta kocht ganz guat.«

De schönste Leich'

Mei, horch dir s' o, de Huaberin
wias ogibt, mit ihr'm Mo,
bei seim Begräbnis wärs so sche gwen,
wia bisher nirgendwo.

Du, de werd schaun, des derfst ma glaub'n,
de werd bestimmt ganz bleich,
am schönsten - Mo - 's versprich i dir,
da werd's auf deiner Leich.

In der Apotheke

D'Frau Spatz, de braucht bloß geh zwoa Ecken
und scho is in der Apothek'n.
Ihr Katz is krank, net guat beinand,
s'kann sei, daß ihr was fehlen kannt.

»Herr Apotheker«, sagts mit Schmerz'n,
»ich hätte da was auf dem Herz'n.
Mei Viecherl, glaub ich, dem gehts schlecht,
des tuat nimma so, wia i möcht.

Gibts da vielleicht a Aspirin,
oder a and're Medizin,
damit mei Miezerl wird gesund,
es müaßat ja net sei auf d'Stund!«

Der kluge Mann wirft d'Stirn in d'Falt'n
und will ihr das nicht vorenthalten:
»Natürlich«, sagt er zur Frau Spatz,
»des was ich hab, is ois für d'Katz.«

Fäns

»Herr Dokta, schnell, sie soll'n glei kemma
und an Verbandskast'n mitnehma.«

So kommt da Hausl vom »Ochs'n« glaffa.
»Warum,« fragt da Dokta, »teans scho raffa!«

»Na na«, sagt da Hausl - »raffa no net,
aber vom Fuaßboi, da werd scho gredt.«

Der zufriedene Gast

Der Wirt geht grad in Garten naus,
'as Weda war recht sche,
da siecht er die Bedienung drüb'n
bei einem Gast dort steh.

Der Fremde schimpft, man merkts eahm o
und heiter ist er nicht,
er macht ja auch ein finsteres
und bitterböses G'sicht.

»Was hat er'n g'habt?« so fragt der Wirt
und 's Resei zu eahm sagt:
»Er hat sich praktisch über alles
da bei uns beklagt.

Des Essen wär a Saufraß gwen,
a Wucher warn die Preise,
des Bier war warm und d'Supp'n koid,
des wär koa Art und Weise.«

»Naja«, so sagt der Wirt dann drauf,
»dann is ja alles klar.
De Hauptsach' ist doch, daß der Gast
nur sonst zufrieden war.«

Fehlgeburt

A Fehlgeburt - und des is g'wiß,
is wirklich net zum Lacha,
und über solche Sachen soll
man auch koan Blödsinn macha.

Doch, daß ma da so sagt dazua,
den Sinn oana verfehlt,
der moant, a Fehlgeburt is dann,
wenn oam da Vater fehlt.

Die Wahlversammlung

A Wahlversammlung findet statt,
im großen Saal zur Post,
und hunderte von Menschen kemma
aus Nord, Süd, West und Ost.

De Leit, de drucka grad so nei,
a jeder wui was hör'n
und des is, was de Redner gfoid,
denn sowas, des mög'ns gern.

Es geht aa ziemlich pünktlich o,
dann redn s', gestikulier'n
und Sprüch' werd'n g'macht und glogn werd a,
daß sich die Balken biagn.

Zur Pause fragt ein feiner Herr,
man kennts eahm fast scho o:
»Entschuldigung, wo ist denn da
in diesem Haus des Klo?«

»Da könnens ruhig im Saal glei geh«,
der Wirt sich's nicht verbeißt,
»weil daherin ja sowieso
der oan den andern bscheißt.«

Z' wuid tanzt

»Gestern Ab'nd, woaßt beim Tanz«,
vazählt genüßlich da Franz,
»tanzt de Kath' so verbissen,
daß glei's Kleidl hat z'rissen.«

»Herrgott, des is a G'schicht,
und - is rot worn im G'sicht!«
Da sagt der Franz ganz erbaut:
»Aufs G'sicht hob i net g'schaut.«

Des hat eahm no guat do

A Manager in Urlaub fahrt,
sich zu regenerieren,
dort stirbt er dann, a so a Pech,
jetzt teans'n überführen.

Schön aufgebahrt, so liegt er da
und d'Leit de stengan rum,
so mancher auch ganz traurig ist,
warum grad er - warum!

Da sagt sei Freindin zu der Frau
»Gut schaut er aus, dein Mann,
die 14 Tage Urlaub hab'n
ihm sicher gut getan.«

A schens Spui

»Den ganzen Tag« so hörst'n red'n,
den klana Buam, an Rude,
»bin i gestern beim Resei gwen,
auf ihrer netten Bude,

und Spiele hama gmacht mitnand,
so schene Spiele scho,
ich hab mich nie so amüsiert«
sagt er dann sichtlich froh.

»Zwar woaß i net, wia ma des hoaßt«,
moant er glei ganz besessen,
doch, daß i mit euch wieder spui,
des könnts total vergessen.«

Kreuzworträtseln

Des Kreuzworträtseln macht de Leit,
obs oid - obs jung san, oft a Freid.
Sie denga kurz und eins, zwei, drei,
da schreib'n sie's scho ins Kasterl nei.

Doch du, ois Anfänger, nicht firm,
du strengst dann o dei bisserl Hirn.
Dir fallt net ei, obwohl du's woaßt,
wia da der Fluß z'Italien hoaßt.

Man huift dir drauf, bevor du schwitzt:
»…d'Hälfte von dem worauf du sitzt.«
»Ja freile, danke, is ja klar,
der Fluß z'Italien, der hoaßt Ar… .«

Mei Freind

»Du bist doch mei Kamerad,
jetzt geh zua und sei ned fad
und mei Freind - obendrein,
konnst ma an Hunderter leih'n!«

»Na, des mach i net gern,
's Geld tuat d'Freindschaft zerstör'n
und i bin dir net bös',
wennst zu am andern higehst.«

»Oiso, aufrichtig g'sagt,
desweg'n hab i di g'fragt,
sei doch ehrlich zu mir,
echte Freind war'n mia nia.«

Der Kredit

»Seit drei Jahr«, sagt er ganz geduldig
»bist du mir scho Fünfhundert schuldig
und, daß mia kumma zu am End,
wennst glei zahlst, kriagst du fuchz'g Prozent.«

Der ander dengt - und unterbricht,
a so a Vorschlag hat a G'wicht,
er überlegt und rechnet mit:
»Wart' no drei Jahr, dann san ma quitt.«

Bunter Abend, 1980

Die Einladung

Da Schinagl Toni,
von meiner Basl da Freind,
der is ogmeldt zum Essen
und prompt kimmt er a heint.

Ob er anständig is?
Mei, was soll ma scho sag'n,
mit der Vornehmheit
tuat er sich wirklich net plag'n.

Und beim Essen, derfst glam,
haut er nei, glei für zwoa,
und de Teller warn reichlich,
de warn wirkle net z'kloa.

Und i sag drauf zu eahm:
»Sie ham an schen Appetit.«
Sagt er: »Da sollns mi erst seh'n,
wenns was guats z'Essen gibt.«

Kindererziehung

Sei Tochter, de is jetzt
kaum 16 Jahr,
hat allerhand Flausen,
wias immer scho war.

Da hörst jetzt an Vata
scho ab und zua stöhna:
»An de heitige Jugend,
da muaß ma sich g'wöhna.

Moderne Erziehung,
des is A und O,
daß des funktioniert,
woaßt, da schaug i dann scho.

I laß ihr vui nausgeh'
und hoff', i mach's recht,
konnst leicht was verpatz'n
und des wär halt schlecht.

Ich hab ihr erlaubt,
wenn sie wui, derfs a raucha,
weil halt die junga Leit
soiche Sachan a braucha.

Woaßt was g'sagt hat zu mir?«
fragt er und hat dabei g'stöhnt:
»Des hab ich mir doch scho lang
- abgewöhnt.«

Im Tierpark

Da Vata geht mit seinem Buam
in Tierpark beim schen Weda.
Ma siecht de Viecha mit'm Pelz,
mit Schupp'n oda Feda.

Es war a ganz a schena Dog,
an Vata, dem hats gfoin,
drum möcht er a an Buam no fragn
und tuat so ganz vastoin:

»Was hat jetzt dich am best'n gfreit,
für a Viech oda a Rasse?«
Da sagt da Bua ganz schwärmerisch:
»Der Käfa an der Kasse.«

Wer war's?

Im Park, da gengan zwoa spazier'n
an einer Bank vorbei.
Sagt sie zu eahm: »Du, woaßt as no,
vor zwanzig Jahr, im Mai,

da hab'n mia uns auf dera Bank,
wias halt so is im Leb'n,
in einer schönen lauen Nacht,
den ersten Kuß gegeben.

Halt na « hats g'sagt: »Jetzt fallt mir ei,
des bist du gar net g'wesn.«
Und so a bisserl Hinterlist
konnst aus den Aug'n ihr les'n.

Doch er moant drauf: »I woaß scho no.«
Und lacht ihr ins Gesicht.
»Der auf der Bank, der war i scho,
doch du, du warst es nicht.«

A guata Vorschlag

A saubers Madl, gar net oid,
de hat an Buam, der ihra gfoid,
der s' heiraten möcht glei auf da Stell,
so boid wia mögli' und ganz schnell.

An Vata hat s' des alles g'sagt
und hat eahm a ihr Leid geklagt,
daß sie konns net so recht beschreiben,
möcht liaba bei da Muatta bleib'n.

»Woaßt, Deandl, i vasteh dich guat.«
So redt da Vata, gibt ihr Muat,
macht ihr an Vorschlag, ganz solid:
»Dann nimm halt d' Muatta einfach mit.«

Leise, ganz leise

Der Hauswirt sagt zum neuen Mieter,
daß er nur Ruhe ist gewöhnt.
Klavierspiel'n, singen, lärmen, pfeifen,
das sei bei ihm alles verpöhnt.

Den Radio zu laut, Kassetten,
das will er alles gar nicht hör'n,
nur absoluter Friede, lautlos,
Stillschweigen nur, das hat er gern.

Der Mieter sitzt ganz eingeschüchtert,
verspricht, daß er sich sehr bemüh'.
Doch plötzlich sagt er noch ganz leise
und nicht ganz frei von Ironie:

»Und wenn ich wirklich einmal gurgle,
im Kleiderschrank ich das dann tu'
und mache hinter mir ganz leise
bestimmt die Schranktür auch noch zu.«

Ja, i bin doch net bläd

A lau's Lüfterl hat gwaht
und um d'Liab hat sichs draht,
sitzt a Deandl und a Bua
eng am Holzschupfa zua.

Ham sich allerhand g'sagt.
Was? Des hab i net g'fragt.
Aber sche werds gwen sei,
woaßtas scho, so im Mai.

Er und sie am Balkon,
de beobachtens schon
so a ganz schöne Zeit,
auf amoi moant sie g'scheit:

»Schaug dir's o, drunt de zwoa,
de san da ganz alloa,
bevor eppas passiert
wärs g'scheit, wenn ma sich rührt,

daß ma huaßt oda lacht
oda sunst eppas macht,
weil des ghörat sich scho.«
Dann grinst er schadenfroh:

»Ja i bin doch net bläd,
jetzt wärs oiwei scho z'spät
und wer sagt, daß d'des muaßt?
Bei mir hat a neamands g'huast.«

Jetzt tua hoid a amoi was

»Ein ekelhaftes Weib hab i,
de laßt mia nia a Ruah
und dauernd nörgelts an mi hi,
daß i amoi was tua.

So Woch für Woch, seit Monaten,
des geht mia auf'n Geist
und, daß du's woaßt, i horch net hi,
wennst no amoi so schreist.«

»Jetzt Mo, des is net z'vui verlangt
und wiast dich nur net schamst,
daß du jetzt endlich im August
an Weihnachtsbaam abramst.«

Ich liebe mir den heitern Mann
am meisten unter meinen Gästen:
Wer sich nicht selbst zum besten halten kann,
der ist gewiß nicht von den Besten.

J. W. v. GOETHE

Das Glück kommt zu denen die Lachen

AUS DEM JAPANISCHEN

Aus dem Stück: »Die Dorfvenus«, 1984

GEDICHTE

A bisserl was zum Denga

Kirchgänger

So manche Kirch' kannt kleana sei
und waar no lang net z'eng.
G'wiß gehatn net sovui nei,
taats bloß da Herrgott sehng.

Verläßliche Menschen

Nur auf solche Menschen ist Verlaß,
die vor blinder Wut und voller Haß
Galle spucken und auch Gift,
denn man weiß genau - die ändern sich nicht.

De Best'n

Des san net de Best'n
de wo von sich moana,
daß allerwei stark san,
nia von Herz'n net woana.

De wo oiwei selba
koane Fehla net macha
und über a kloane Dummheit
net aufrichtig lacha.

De wo scho allerwei vorher
ois bessa wiß'n.
Ois soichana Mensch moane,
da bist einfach bschiß'n.

Wenn i amoi -
koan Fehla mehr macha ko,
dann gfreit mi koa Leb'n mehr,
dann pfeif i ois o.

Solche und solche

Es san net alle gscheit,
de gscheit daherredn kenna.

Es san net alle dumm,
de schaugn, ois wia a Hena.

Es san net lauter Freind,
de dean, ois dans die kenna.

Es san net alle schnell,
de umanandarenna.

Es san net alle arm,
de oam as Brot wegnehma.

Es san net alle fromm,
de in a Kirch neigenga.

Doch es is oft net leicht
zum ausanandakenna.

s'Lob

Wenn heit oana was b'sonders macht,
und 's werd eahm dann a Lob vorbracht,

und der winkt ab und wuis net ham,
dann reim i mir des oane z'samm:

's kannt sei, des is vielleicht sei Zui,
daß der gern zwoamoi globt wern wui.

Aus dem Stück: »Der Tegernseer im Himmel«, Januar 1989
als Boandlkramer

Erfolgreich?

Erfolgreich sei möcht jeder gern
und mancha buid sich's ei,
daß ausgerechnet eahm zuahörn,
i konn bloß sag'n: »Oh mei!«

Ob wirklich du erfolgreich bist,
des merkst am best'n - g'wiß -
von dem Moment an, wo man dir
- so richtig neidig is.

Die Wahrheit

Der oane mag gern a warms Supperl,
der andere mag im Arm a Pupperl,
der Dritte mag liaba sei Ruah,
beim Viert'n, da gehts liaba zua.

Dann gibt's no oa, de woll'ns recht groß,
de andern woll'n des Kloane bloß.
Nur oans - i glaub, 's wui koana gern,
- d'Wahrheit hörn.

Wem?

Koan hab'n, dem man sich anvertraut,
dem wo ma amoi in d'Aug'n schaut,
dem wo ma ein Geheimnis sagt
und ab und zua sei Leid'n klagt -

des is net guat, sovui is g'wiß.
Doch allawei no besser is's,
so moan i - mir sagt da mei Gfui,
glei liaba gar koan, ois wia zvui.

Frag nur

Wennst was net woaßt,
tua liaba frag'n,
dann bist nur kurz a Narr,

denn wennst net fragst,
bleibst imma oana,
des is de Gefahr.

Liaba a so

Jedn Dog aufsteh -
des is a Gfrett,
i liegat ja vui liaba
no länga im Bett.

An Kaffä laßat i mia
ans Bett hiserviern,
und anschließend tat i
a weng in da Zeitung studiern.

De Buidln an da Wand
mit de Aug'n langweilig streifa
und einfach so
auf den ganzn Dog pfeifa.

Jetzt hab i's g'habt,
genau wia i mas deng.
I bin a paar Wocha
im Krankenhaus glegn.

Des derfst ma glam,
jetzt bin i froh,
daß i wieda jed'n Dog
- aufsteh ko.

Des san Zeit'n

Des san Zeit'n
de oan begleit'n,
wosd hischaust teans nix
ois wia sich zank'n und streit'n.

Und im Fernseher drinn,
manchmoi moan i, i spinn,
Mord und Totschlag und Raub
und des glei am Beginn.

Lug, Betrug und Radau
und noch sonst ein Verhau
und derwei war des erst
ganz normal - Tagesschau.

Schweigen

Manchmal wäre es besser zu schweigen,
als n i c h t s zu sagen.

Aus dem Stück: »Der Haustyrann«, Februar 1989
mit Sandra White, die leider mit 26 Jahren verstorben ist

Schad'

Schad'.
Schad' is, daß aus is.

Schad' is, daß aus is und gar is.
Schad' is, daß ois vorbei is.

Aber gfrein tuats mi,
daß überhaupt gwesn is.

Der andere

Des is des schönste auf der Welt,
was mia am best'n gfoid,
konnst hischaun, wost nur irgend magst,
a jeda schafft fürs Geld.

Net des is, was mi sinnig macht,
es gibt ma bloß mei Ruah,
daß jeda, gleich was er auch macht,
an andern braucht dazua.

An Himme auf Erd'n

Brav wennst bist und ehrlich a
und zu de Leit recht guat -
und zu deim Nächstn aufrichtig
und redst net in da Wuat,

wenn du so lebst, dann glaab mas ruhig,
dann muaß di jeda lob'n,
dann hast dein Himme da scho ghabt,
dann brauchst'n nimma drob'n.

GEDICHTE

A bisserl a Durchanand

Hoagascht

Liaba Herrgott im Himme da drob'n,
i möcht di in oana »Dur« lob'n,
daß no Leid gibt auf unserer Welt,
de gern singa und des ohne Geld.

De gern singa und a musiziern
und sich net wegam boarisch scheniern,
die de Sitt'n no hoitn in d'Höh,
liaba Herrgott, i dank dir recht sche.

Schöne Frauen

Ich hab scho schöne Frauen gsehn,
mit'm langa Gwand bis nunter,
mit Rüscherl, Mascherl, Seidenspitz
und oberhalb nix drunter.

Mit schöne Haar und Lipp'n rot
und Schmuck an Hois und Händ'
und manche richt'n sich so z'samm,
daß mas fast nimma kennt.

Doch des, des laßt mich alles koid,
da werd sich nix draus g'macht,
am schönsten is für mi a Frau,
de liab und herzlich lacht.

I mag di

I mag di
wia a Vogerl de Würma,
wia a Storch hohe Türma,
wia a Hund an Trumm Knocha,
wia as End von da Wocha,
wia a grasgreane Wies'n,
wenn de Bleamal tean spries'n

und i brauch di
wia a Trambahn de Schiena,
wia Berlin de Berlina,
wia a Käfer de Fühla,
wia a Schui seine Schüla,
wia a Fuaßball sein Boi,
i brauch die - in jed'm Foi.

Zum Muttertag

Des kloane Kinderl fuadan,
solangs net standhaft is.
Oft nächtelang wachbleib'n
bois krankhaft is.

Bei de erstn Schritt dabei sei,
damit nix passiert
und wenn sichs Kind wäh tuat,
eahm an Trost spendiert.

Am erst'n Schuitag
zur Schui hibegleit'n,
diplomatisch oam helfa,
wenn sich Gschwistara streit'n.

Beim Gräßa wern, wenn ma sich
in da Schui plag'n muaß und schind'n,
im recht'n Moment
a Vaständnis find'n.

Und wenn ma flügge werd
und tat in d'Welt ausse woin,
von oam Mensch'n wissn,
der laßt di net foin.

Des is a Muatta,
wias lebt und wias liebt,
drum find i des guat,
daß an Muttertag gibt.

Daß d'dich oamoi im Jahr
wenigstens b'sinnst und bedankst,
und ihr mit am Bussl
a Bleaml higlangst.

»I dank da sche Muatta
und tua Dich net sorg'n,
wenn i wieda was brauch - kimm i -
Pfüade - bis morg'n.«

Aus dem Stück: »Die Geliebte im Schrank«, Juli 1989
mit Peter Steiner

Es ist unmöglich, jemandem ein Ärgernis zu geben,
wenn er's nicht nehmen will.

FRIEDRICH SCHLEGEL

Kluge Menschen verstehen es,
den Abschied von der Jugend auf mehrere Jahrzehnte zu verteilen.

FRANÇOISE ROSAY

An Dich

Du tuast sovui für mi,
stellst mia as Ess'n hi,
wascht, flickst und konnst no denga,
was sollst de andern schenga.

Du kümmerst Dich ums Haus,
d'Versicherung suachst raus,
Du putzt und tuast und machst
und trotzdem meistens lachst.

Ins G'schäft gehst a no nei,
muaßt oiwei freindle sei.
I dank Dir sche dafür,
i konn da net sagn, wia.

Siech i a andre Frau,
a wenn i nach ihr schau,
Du brauchst Dir da nix denga,
tua nua mein Hois varrenga.

Mei Herz varreng i nia,
denn des gehört Dir.

Die Sucht

Der oane is süchtig nach am Rauch,
und Sucht nach Schnaps gibt's leider auch,

und Drogensucht, des sag ich immer,
des is für mich des Allerschlimmer.

Auch süchtig konn ma sei nach Bier,
doch ich hab - **Sehnsucht**
und zwar nach Dir!

FÜR LEUTE,
DIE NICHT SO GUT BAIRISCH KÖNNEN

(Solls ja auch geben.)

auf bairisch	auf deutsch
's valiabt sei	das verliebt sein
's wui	es will, das will, etc.
a weng	ein wenig
allaweil	immer
amoi	einmal
aufamoi	auf einmal
ausananda	auseinander
benzt	nörgelt
bibbert	zittert
blecka	weinen
boid	bald
bois	sobald es
buid	bildet
Buidln	Bilder
buttld	graben
de dean	die tun
daat	täte
de oam	die einem
deng	denke
derfst	darfst
des d'	die du
Dog	Tag
eahm	ihm
ebbas	etwas
einetauchst	eintauchen
es san	es sind
foin	fallen
fuadan	füttern
gfoid	gefällt
gschoid	geschallt
garkoan	gar keinen

auf bairisch	auf deutsch

gehatn	gingen
gfoids	gefällt es
gfoist	gefällst
gfrein	es freut
Gfrett	Plagerei
Gfrieß	Gesicht
Gfui	Gefühl
glaab	glaube
glam	glauben
grantlt	mürrisch reden
Gschwistara	Geschwister
hischaun	hinsehen
Hoagascht	Musikantentreffen
hoitn	halten
kaasweiß	käseweiß
kannt	könnte
kenna	kennen
kleana	kleiner
konnan	kann ihn
laagast	lägest
laßat	ließe
liegat	läge
mächat	möchte
moan i	mein ich
moana	meinen
moanast	meinen würdest
netamoi	nicht einmal
oa	eine, jemand
ois	alles
ois	als
ois daans	als täten sie

auf bairisch	auf deutsch
oisam	alle
oiwei	immer
raffa	raufen
's werd	es wird
sagatn	sagen würden
san	sind
schamd	schämt
sinnig	nachdenklich
soichana	solcher
sovui	soviel
taat's	täte sie, würde sie
teans	tun sie
Trumm	großes Stück
umananda renna	umher rennen
vastoin	verstohlen
vui	viel
waar	wäre
Watschn	Ohrfeige
wegam	wegen dem
weilsdas	weil du sie, es
woaßt	weißt
woid	wollte
wosd'	wo du, das du
Wuat	Wut
wuis	will es
z'vui	zuviel
zeam	fröhlich etc.
zeng	zu eng
zupfts	zieht sie
zwecham	wegen dem
zwoarahalbmoi	zweieinhalbmal

DUMME FRAGEN
UND NOCH DÜMMERE
ANTWORTEN

Was ist eigentlich ein Schöffengericht?
Schau doch im Kochbuch nach.

⁓

*Sage mir fünf Tage der Woche, in denen kein »a«
vorkommt.*
Vorgestern, gestern, heute, morgen, übermorgen.

⁓

Was würdest du zu einem Schnaps sagen?
Nichts, ich würde ihn trinken.

⁓

Wieviel Geld brauchst du zum Leben?
Weiß nicht, hatte noch nie so viel.

⁓

Wie gehts deiner Frau?
Sehr gut. Seit der Doktor gesagt hat, ihre
Krankheiten sind Alterserscheinungen, gehts ihr auch
gesundheitlich sehr gut.

Glaubst du, daß ich mit meiner Tochter über Sex reden sollte?
Natürlich, man lernt nie aus.

Was ist ein Vakuum?
Ich habs im Kopf, kann es aber nicht sagen.

Warum heißen Rollmöpse Rollmöpse?
Weil sie genauso aussehen.

Du hast so einen schönen Mantel an, aber warum so eine schäbige Hose?
Kannst du mir sagen, wie ich im Restaurant zu einer schönen Hose kommen soll?

Kennst du die Fahnen anderer Völker?
Der Schotte riecht nach Whisky, der Russe nach Wodka, der Franzose nach Rotwein.

...führte 1961 schon durchs Programm

Wenn du das Leben liebst, liebt es dich auch.

ARTUR RUBINSTEIN

Was sind Alimente?
**Wenn zwei Menschen denselben Fehler machen,
und nur einer muß zahlen.**

Wie geht es deinem Onkel?
Der ist gestorben.
Ach nein, was hatte er denn?
**Nichts besonderes, einen Barocksessel, einen Picasso
und ein altes Klavier.**

Was sind die letzen Worte eines Fisches?
Die Sache hat einen Haken.

Warum summen Bienen?
Weil sie den Text vergessen haben.

*Meinst du, Goethe würde Aufsehen erregen, wenn er
noch lebte?*
Klar, er wäre ja jetzt über 200 Jahre alt.

Warum hat das neugeborene Kälbchen so feuchte Augen?
Weil seine Eltern Rindviecher sind.

Was geschah 1759?
Da wurde Schiller geboren.
Und 1762?
Da wurde er drei Jahre alt.

Wie lange blieben Adam und Eva im Paradies?
Bis Herbst, denn vorher waren ja die Äpfel nicht reif.

Was ist ein Numismatiker?
Einer der Münzen sammelt.
Früher sagte man da Bettler.

Einen Satz mit liberal?
Ich esse lieber Aal als Karpfen.

Mein Sohn wird mir von Tag zu Tag ähnlicher.
Ist denn dagegen gar nichts zu machen?

Wollen sie ihren Paß verlängern?
Nein, daß Format finde ich ganz gut.

Hat der Sturm dein Dach auch so beschädigt?
Weiß ich nicht, wir haben es noch nicht gefunden.

Was machst du mit deinem Geld?
Ach, 30 % geb' ich für's Saufen aus, 30 % für's Rauchen, 30 % für Klamotten und 30 % für Weiber.
Das sind ja 20 % zuviel.
Ja, leider.

Zu welcher Familie gehört der Walfisch?
Ich kenne keine Familie, die einen Walfisch hat.

Soll ich die hübsche Vroni oder die kluge Eva heiraten?
Warum heiratest du keine, die zu dir paßt?

~~~~~

Warum bitten wir im »Vater unser« um das tägliche
Brot und nicht um das wöchentliche oder jährliche?
Weil es sonst schimmlig wird.

~~~~~

Warst du nicht in München länger als in Rosenheim?
Nein, ich war immer 1,80 m.

~~~~~

Ihre Frau hat ein Baby bekommen? Ist es ein Junge
oder ein Mädchen?
Natürlich, was denn sonst?

~~~~~

Warum sangen die Nachtwächter früher:
»Hört ihr Männer, laßt euch sagen…«?
Weil sich die Frauen schon damals nichts sagen ließen.